지은이네
아파트 놀이터는
**아무나
못 들어간대요**

지은이네 아파트 놀이터는 아무나 못 들어간대요

초판 1쇄 발행 2022년 9월 10일
초판 4쇄 발행 2024년 5월 15일

지은이 최형미
그린이 박현주
펴낸이 이지은 **펴낸곳** 팜파스
기획편집 박선희
디자인 조성미 **마케팅** 김서희, 김민경
인쇄 케이피알커뮤니케이션

출판등록 2002년 12월 30일 제10-2536호
주소 서울특별시 마포구 어울마당로5길 18 팜파스빌딩 2층
대표전화 02-335-3681 **팩스** 02-335-3743
홈페이지 www.pampasbook.com | blog.naver.com/pampasbook
이메일 pampas@pampasbook.com

값 11,000원
ISBN 979-11-7026-504-7 (73810)

ⓒ 2022 최형미, 박현주

· 이 책의 일부 내용을 인용하거나 발췌하려면 반드시 저작권자의 동의를 얻어야 합니다.
· 잘못된 책은 바꿔 드립니다.

지은이네 아파트 놀이터는 아무나 못 들어간대요

최형미 글 · 박현주 그림

팜파스

어린이 친구들에게

　우리 친구들은 어른이 되면 어떤 일을 하고 싶나요? 또 어떤 집에 살고 싶나요? 요즘에는 어린이 친구들도 일찍부터 돈에 관심을 많이 갖는 것 같아요. 주식 투자를 하는 어린이들도 있고, 유튜버가 되어 경제 활동을 하는 친구들도 있으니까요.

　사람이 살아가는 데 제일 중요한 것은 무엇일까요? 어떤 친구들은 돈이라고 대답할지도 몰라요. 그런데 정말 돈이 많으면 행복할까요?

　우리 사회는 자본주의 사회이기 때문에 돈이 매우 중요해요. 우리가 살아가는 데 기본이 되는 것들을 얻기 위해서는 돈이 있어야 하기 때문이죠. 또 돈이 있으면 편리한 점도 많아요. 하지만 돈이 중요하다고 돈에만 매달리면 중요한 가치를 놓치게 된답니다. 돈으로 살 수 없는 것들이 있기 때문이죠.

사람은 누구나 일정한 나이가 되면 일을 해요. 그런데 그 일을 하는 이유가 오로지 돈을 벌기 위해서라고 생각하면 일의 가치를 제대로 평가할 수 없어요. 또한 친한 친구와 우정을 나누는 것도 그 기준이 돈이 되면 진정한 마음을 나눌 수 없게 될 거예요.

이 책을 통해 어린이 여러분이 우리 삶에 꼭 필요한 가치는 무엇인지 생각해 보고 돈과 경제관념에 대해서도 편견을 가지지 않게 되기를 바라요. 동화를 읽어 나가면서 우리 어린이들이 일과 돈, 진심을 나누는 친구 그리고 경제 활동의 진정한 의미에 대해 생각해 보는 시간을 가졌으면 좋겠어요.

최형미

차례

어린이 친구들에게 ... 4

너네 아빠는 무슨 일 하셔? ... 8
좋은 직업? 나쁜 직업? 일과 직업은 무엇인가요? ... 22

넌 출입 금지야! ... 34
살고 있는 집으로 사람을 평가하거나 차별해서는 안 돼요! ... 48

우정 선물의 조건 ... 54
선물은 어떤 마음으로 주는 것일까요? ... 64

생일 선물 대 소동   68
좋아하는 친구일수록 선물도 비싸고 좋은 것을 해야 할까요?   82

오늘도 네가 쏘는 거야?   88
우정을 용돈으로 살 수 있을까요?   102

진짜 마음을 나누는 친구를 만나는 법   106
다 함께 마음을 나누며 살아가는 사회를 위해   116

너네 아빠는 무슨 일 하셔?

"안녕? 난 오지은이야. 넌 이름이 뭐야?"

"어? 안녕? 난 박나연."

새 학기가 시작되었어요. 나연이 뒤에 앉은 아이가 나연이 어깨를 톡톡 치며 말을 걸었지요. 그런데 이 동네에서 나고 자란 나연이가 처음 보는 얼굴이었어요.

'한 번도 못 봤는데, 전학 왔나?'

나연이는 경기도의 한 도시에 있는 이화 마을이라는 곳에 살고 있어요. 이화 마을은 말만 도시이지 많은 사람들이 농사를 지어요. 이화 마을은 배랑 꽃과 쌀이 유명한 곳이거든요. 이화 마을 배는 둘이 먹다가 둘이 죽어도 모를 만큼 달고 맛나요. 옆 동네인 우원 마을은 꽃이 유명하고요.

그런데 나연이가 유치원에 다닐 즈음 우원 마을에 개발 바람이 불었어요. 학교를 중심으로 해서 시청이 있는 우원 2동에는 아파트들이 생겨났어요. 그러더니 진짜 도시처럼 변했지 뭐예요. 학교를 중심으로 오른쪽인 이화 마을에도 아파트와 빌라가 있긴 했어요. 하지만 우원 2동에 새로 생긴 시티 아파트는 드라마에 나오는 도시 아파트 같았지요.

"나연아, 너 이거 먹을래?"

지은이가 건넨 건 비타민이에요. 약국에서 약을 지으면 공짜로 주는 비타민 말고 돈 주고 사야 하는 거예요. 나연이도 한 번쯤 먹어 보고 싶었던 거지요.

"우아, 고마워."

"나도 줘."

"나도, 나도."

갑자기 아이들이 우르르 몰려들었어요. 아이들이 지은이를 둘러싸는 바람에 나연이는 자리에 앉아 있을 수 없어요. 떠밀리다시피 일어나야 했지요. 나연이는 비타민 껍질을 까서 입 속에 넣었어요.

"와, 맛있다."

지은이는 여전히 아이들에게 둘러싸여 비타민을 나눠 주고 있었어요. 아니, 지은이는 대체 비타민을 얼마나 많이 가져온 걸까요?

"자, 자. 조용!"

다행히 선생님이 들어오셔서 나연이는 자리로 돌아갈 수 있었어요. 슬쩍 보니 꽤 많은 아이들이 지은이에게 비타민을 받은 것 같았어요.

"너 아까 비타민 한 개밖에 못 받았지? 더 줄까?"

쉬는 시간이 되자 지은이가 또 나연이의 어깨를 톡톡 쳤어요. 지은이는 진짜 비타민이 많은가 봐요.

"고, 고마워."

"넌 어디 살아? 난 시티 아파트."

나연이 예상이 맞았어요. 지은이는 새로 생긴 아파트에 이사를 온 모양이에요. 1학년 때만 해도 우화 초등학교에 다니는 아이들은 많지 않았어요. 그런데 2학년이 되고 시티 아파트에 이사 온 사람들이 많아지면서 전학 온 아이들이 많아졌어요.

"아, 난 이화 마을."

"정말? 너 이화 마을 살아?"

지은이의 눈이 커다래졌어요. 나연이는 고개를 갸웃거렸어요. 이화 마을에 사는 게 왜 놀랄 일인가 싶었거든요.

"그럼 너희도 2층 집이야?"

"응. 둥그런 기둥이 있는 2층 집이야."

"아, 그 라푼젤 사는 집 같이 생긴 집?"

"맞아. 동네 사람들도 그렇게 불러. 그 기둥 꼭대기가 우리 아빠 서재야."

나연이는 아빠가 자랑스러워요. 아빠가 서재에서 밤늦도록 책을 보는 것도 멋지고요. 지은이의 눈이 더 커다래졌어요.

"우아, 그 동그란 꼭대기 층이 너희 아빠 서재구나. 진짜 멋지다. 우리 집은 24층이라 이화 마을이 한눈에 보이거든. 나 만날 그 동그란 꼭대기 층이 너무 궁금했어. 동그란 원통에 창문이 여러 개 있고 지붕은 고깔 모양이잖아. 정말 독특해."

나연이는 어깨를 으쓱해 보였어요. 나연이도 아빠의 서재가 정말 마음에 드니까요.

이화 마을에는 멋진 집이 많아요. 백악관처럼 생긴 3층 집도 있고요. 드라마에 나오는 한옥 집도 있어요. 유명한 건축가가 지었다는 집도 있고요.

그래도 나연이는 할아버지가 지은 나연이 집이 제일 좋아

요. 나연이 할아버지는 농사를 지으면서 틈틈이 건축 일도 하셨거든요. 그래서 아빠와 함께 의논한 끝에 나연이가 태어나기 전에 지금 살고 있는 집을 지으셨대요.

이화 마을에도 아파트가 있어요. 시티 아파트처럼 멋진 아파트는 아니지만 제법 괜찮은 아파트들이에요. 처음 이화 마을에 아파트가 생겼을 때 나연이도 아파트에 살고 싶었어요. 엘리베이터도 신기하고 놀이터도 재미있어 보였거든요.

하지만 이제는 아파트보다 나연이 집이 좋아요. 넓은 마당에 사시사철 자라는 과일이며 나물, 한쪽에 자리한 비닐하우스, 그리고 아빠가 만들어 준 그네 의자까지. 놀 거리와 볼거리가 많은 곳이 바로 나연이 집이니까요.

"나중에 너희 집에 놀러 가도 돼?"

지은이가 눈을 반짝이며 물었어요.

"응. 언제든 놀러 와."

"진짜? 그럼 오늘! 오늘 가도 돼?"

"어. 너만 괜찮으면 오늘 와도 돼."

"와! 드디어 그 집에 가 보는구나. 정말 고마워. 우리 친하게 지내자."

지은이는 팔짝팔짝 뛰더니 나연이의 팔짱을 꼈어요.

"지은아, 비타민 또 없어?"

"나 아까 못 받았어. 네가 쉬는 시간에 준다며."

"그래. 나도 좀 주라."

"없어. 나 지금 나연이랑 얘기해야 해."

다른 아이들이 몰려들었지만 지은이는 신경도 쓰지 않았어요. 아까와는 달리 비타민을 달라는 아이들에게 꽤 쌀쌀맞게 얘기하지 뭐예요.

"나는 꿈이 약사야. 우리 엄마, 아빠가 약사이시거든. 시티 아파트 상가에 있는 약국이 바로 우리 엄마, 아빠네 약국이야. 나도 약사가 될 거야."

지은이는 묻지도 않은 꿈 얘기를 했어요. 나연이는 아직 꿈이 없어요. 유치원 다닐 때는 유치원 선생님이 되고 싶었어요. 하지만 5세 반 선생님이 그 반 아이가 싼 똥을 치우는 것을 보고 유치원 선생님은 안 하기로 했어요. 그 이후로 아직 꿈을 정하지 못했어요.

"나연아, 너희 아빠는 뭐하셔? 서재가 크고 멋있는 걸 보니 혹시 교수님이셔?"

지은이는 나연이 꿈 대신 나연이 아빠가 뭘 하는지 물어보았어요.

"우리 아빠는 농사 지으셔."

"어?"

나연이의 말에 지은이의 표정이 어두워졌어요.

"그럼 너희 아빠 농부셔? 그런데 농부도 직업이야? 그건 옛날 사람들이나 할아버지 할머니가 하는 일 아니니?"

지은이의 말을 듣고 나연이는 황당하고 기분이 상했어요. 지은이가 아빠를 무시하는 것 같다는 생각이 들었으니까요.

이화 마을에는 나연이 아빠처럼 농사를 짓는 사람들이 꽤 많아요. 지은이는 왜 농사를 옛날 사람이나 할아버지, 할머니가 하는 일이라고 생각하는 걸까요?

"무슨 소리야? 젊은 사람들도 농사를 많이 지어. 우리 아빠는 농사짓는 법으로 대학원까지 다니셨어. 품종 개량으로 곧 박사 공부도 하신대. 우리 아빠를 마을 사람들이 얼마나 칭찬하는데."

아빠에 대해 구구절절이 설명할 마음까지는 없었어요. 하지만 나연이는 괜히 약이 올라 지은이에게 이런저런 이야기를 늘어놓았어요.

"아? 그래. 대단하시네."

지은이는 별다른 감흥이 없는 목소리로 대답했어요. 나연이는 점점 기분이 나빠졌어요.

"오늘 우리 집에 가는 거지?"

"어? 오늘? 글쎄, 나 좀 바쁜데."

아까까지만 해도 나연이네 집에 꼭 초대해 달라고 하더니. 지은이는 돌연 말을 바꿨어요.

"오늘 오고 싶다며. 우리 아빠 서재도 보고 아빠가 농사지은 것도 봐. 너 생각이 달라질걸."

나연이는 지은이를 꼭 집에 오게 해야겠다고 생각했어요. 아빠가 개량한 품종에 대해 알려 주고 아빠 서재도 보여 주고 싶으니까요.

"너 비타민 먹을래?"

하지만 지은이는 나연이의 이야기를 듣지도 않고 다른 애에게 가 버렸어요. 나연이는 지은이가 정말 이상한 애라는 생각이 들었어요. 제멋대로 친한 척하더니 또 제멋대로 가 버리니까요. 그런데 이상하게 마음이 불편해요. 나연이 아빠의 직업이 농부라는 것을 알고 지은이는 왜 마음이 변한 걸까요?

좋은 직업? 나쁜 직업?
일과 직업은 무엇인가요?

사람들은 모두 일을 하며 살아가요. 어린이들이 학교에 가서 공부를 하는 것도 일이라고 볼 수 있어요. 미래의 직업을 갖기 위한 준비 과정이니까요. 누군가는 학생들을 가르치는 일을 하고, 또 다른 누군가는 버스를 운전하기도 해요. 또한 회사에 다니지 않아도 일을 할 수 있어요. 집에서 아이들을 돌보고 살림을 하는 것도 일을 하는 것이지요. 이밖에도 사람들이 하는 일은 매우 다양해요.

돈, 성취감, 자아실현, 일하는 이유는 여러 가지!

사람들은 왜 모두 일을 하는 걸까요? 생활을 꾸려 나가기 위해서는 돈이 필요해요. 그래서 사람들은 일을 해서 돈을 벌어요. 이렇게 사람이 살면서 자신의 생활을 꾸려 나가기 위해 하는 일을 우리는 '직업'이라고 말해요.

물론 직업을 갖는 이유가 돈 때문만은 아니에요. 사람은 일을 하며 성취감을 느끼고 자아실현도 하고, 성장도 해요.

직업은 아주 오랜 옛날부터 있었어요. 시간이 흐르고 사람들이 생활하는 모습이 변하면서 직업도 변화했지요. 산업 혁명이 있기 전에는 많은 사람들이 농사를 짓거나 물고기를 잡는 일을 했어요. 즉 1차 산업(농업, 임업, 수산업, 광업, 목축, 수렵)에 종사했지요. 산업 혁명이 일어나면

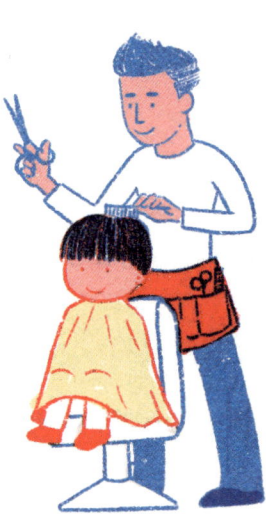

서 사회가 발전하고 새로운 직업이 많이 생겨났어요. 공장에서 물건을 만들거나 파는 일을 하는 사람들이 늘어났지요. 즉 2차 산업(제조업, 건설업 등)에 종사하는 사람들이 많아진 거예요. 더불어 생활을 편리하게 해 주는 서비스를 주는 산업, 즉 3차 산업(서비스업 등)에 종사하는 사람들도 생겼어요.

직업은 새로 생겨나기도 하고, 사라지기도 해요!

시대에 따라 사람들이 많이 선택하는 인기 직업이 있어요. 또 시대에 따라 생겨나거나 사라지는 직업들도 있지요.

옛날에는 집집마다 전화가 연결되어 있지 않았어요. 전화국으로 전화를 걸어 전화 교환수가 전화를 연결해 주면 통화를 했지요. 지금은 전파를 타고 전화가 바로 연결되기 때문에 '전화 교환수'라는 직업은 사라졌어요. 또 옛날에는 인력거꾼이라는 직업이 있었어요. 바퀴가 달린 의자에 사람을 태우고 의자를 끌어서 원하는 장소까지 데려다 주는 직업이지요. 자동차, 전동차, 기차 등의 교통수단이 발달하면서 이 직업도 사라졌어요. 또 버스 안내원이라는 직업도 지금은 사라진 직업 중 하나랍니다. 산업이 발달하면서 새로 생겨난 직업도 많아요. 컴퓨터 그래픽 디자이너나 프로

그램 개발자 같은 직업은 컴퓨터가 발명되고 나서 생겨난 직업이지요. 또한 어린이들에게 인기가 많은 유튜브 크리에이터 역시 인터넷의 발달로 생겨난 직업 중 하나랍니다.

앞으로도 사회의 모습이 변해 가면서 많은 직업이 사라

지고 또 생겨날 거예요. 그렇기 때문에 자신의 적성과 소질, 흥미 등을 생각하며 직업에 대해 열린 생각을 갖는 것이 바람직하답니다.

나는 어떤 직업을 갖고 싶은가요?

나는 미래에 어떤 직업을 갖고 싶은지 생각해 보아요. 그 직업에 대해서 얼마나 알고 있나요? 혹시 그 직업을 고른 이유가 단순히 돈을 많이 벌어서인가요? 혹은 다른 사람들이 많이 선택하는 직업이어서인가요?

내가 선택하고 싶은 직업이 무엇인지, 그 직업을 선택하면 어떤 일을 하게 되는지, 그 직업을 갖기 위해서 무엇이 필요한지 알아보아요!

● 내가 선택하고 싶은 직업은

● 그 직업이 하는 일은

● 그 직업을 갖기 위해서는

직업을 한 번 선택하면 바꾸기 어려울까요? 꼭 그렇지는 않아요. 어떤 직업을 선택했다가 자신의 적성에 맞지 않거나 어려움을 많이 겪으면 다른 직업을 다시 선택하기도 해요.

하지만 직업에 따라 그 직업을 갖기까지 많은 시간이 걸리는 경우가 있어요. 바로 의료인이나 법조인처럼 전문적인 공부를 오래 해야 가질 수 있는 직업들이 그렇지요. 또 전문 시험을 통과해야 하는 직업도 준비할 것과 시간이 많이 들어요. 그래서 되도록 직업을 선택하기 전에 자신의 적성에 맞는지 고민해 보고, 직업의 여러 측면을 깊이 생각해 보는 것이 좋아요.

그렇다면 직업을 선택할 때 어떤 것을 생각해야 할까요? 남들이 많이 갖는 직업인지, 혹은 남들이 부러워하는 직업인지를 고민해야 할까요? 아니면 돈을 많이 버는

지를 생각해야 할까요? 직업을 선택하는 데 가장 중요한 것은 무엇일까요?

● 직업을 선택할 때 가장 중요한 것은?

　

직업에는 귀천이 없고, 모두 존중해야 해요!

어떤 직업의 경우, 시간과 노력 말고 타고난 재능이 필요해요. 예를 들어 수영 선수를 직업으로 하고 싶은데 물을 두려워하거나 체격 등 신체 요건이 남들에 비해 좋지 않다면 직업으로 오래 일하기가 어렵겠지요? 이처럼 직업을 선택할 때는 재능, 자질 등도 중요하답니다.

또한 직업에는 귀천이 없기 때문에 다른 사람의 직업을 무시하거나 하찮게 여기면 안 돼요. 우리가 살아가는 사

회는 혼자 살아갈 수 없는 곳이에요. 모두 각자의 자리에서 최선을 다하며 협력할 때 다 잘 살아갈 수 있기 때문이지요. 아무리 좋은 직업을 가졌다 해도 다른 직업을 가진 사람이 도와주지 않으면 사회생활을 제대로 할 수 없거든요.

그렇기 때문에 어떤 직업은 좋은 직업이고 존경받아야 하고, 어떤 직업은 나쁜 직업이라 무시해도 된다는 생각은 옳지 못해요. 모두가 자신의 적성과 재능에 맞는 직업을 선택하고 각자의 자리에서 열심히 노력하는 모습이야말로 제일 멋지답니다.

넌 출입 금지야!

"야, 안 돼! 넌 들어올 수 없어!"

형준이는 안경을 쓴 남자아이의 고함 소리에 깜짝 놀랐어요. 그 아이의 고함이 어찌나 큰지 주변에 있던 아이들까지 모두 쳐다봤거든요.

"왜? 왜 안 되는데?"

형준이도 질 수 없어요. 형준이는 2학년이지만 덩치가 꽤 커요. 태권도장을 같이 다니는 웬만한 3학년 형아들보다 더 큰걸요.

"넌 시티 아파트 안 살잖아."

안경을 쓴 남자아이는 팔짱을 끼며 말했어요. 아이의 말에 형준이는 움찔했어요. 형준이는 진짜로 시티 아파트에 살고 있지 않으니까요. 하지만 시티 아파트에 안 산다고 시티 아파트 놀이터에서 못 논다는 게 말이 돼요? 그런 법이 어디 있어요?

"안 살면 못 노냐? 내 친구 진원이가 놀자고 해서 온 거야. 진원이는 시티 아파트 살아."

형준이도 아이를 쏘아보며 말했어요. 오늘 진원이랑 재미있게 놀려고 했는데 웬 방해꾼이 나타났지 뭐예요.

"넌 출입 금지야! 너 이화 아파트 살지?"

형준이는 그 애를 모르는데 그 애는 형준이를 아나 봐요. 형준이가 이화 아파트에 사는 것까지 알았어요.

"이화 아파트 살면 왜? 왜 여기 출입 금지인데?"

"왜냐니? 넌 시티 아파트 안 살고, 아파트 정문 카드도 없잖아. 여기는 정문에 들어올 때 카드로 찍고 들어와야 해. 우리 아파트 놀이터가 좋다고 자꾸 아무나 들어오는데. 그러면 안 돼."

형준이는 기가 막혔어요. 놀이터는커녕 아파트 안에도 들어가지 못하게 하다니 이게 말이 돼요? 시티 아파트는 성처럼 생긴 아파트 정문이 있어요. 하지만 어제까지만 해도 진원이 따라 아파트 안으로 들어왔어요. 그래서 놀이터에서 신나게 놀았는걸요.

시티 아파트 놀이터는 진짜 웬만한 놀이 공원보다 좋아요. 미끄럼틀도 근사하고 그네도 엄청 좋아요. 출렁출렁 그물 다리도 있어요. 또 탈출 놀이하기에 안성맞춤인 공간도 있고요.

"친구네 집에 놀러 온 거잖아. 그러니까 좀 놀아도 되는 거지. 쩨쩨하게 왜 그러냐?"

"쩨쩨하다니! 우리 아파트 규칙이야. 어제부터 시티 아파트에 안 사는 애들은 놀이터에서 못 놀게 한다고 방송 나왔어. 시티 아파트 놀이터는 시티 아파트 재산이니까. 우리가 잘 지켜야 해. 그렇지, 애들아?"

안경을 쓴 남자아이가 거드름을 피우며 옆에 있는 아이들에게 말했어요.

"진원아, 진짜야?"

형준이의 물음에 진원이도 마지못해 고개를 끄덕였어요. 에잇, 진짜 뭐 이래요? 형준이는 기분이 상했어요. 시티 아파트 아이들이 팔짱 끼고 형준이를 쳐다보는 거 진짜 기분 나빠요. 놀이터 좀 좋다고 거들먹거리는 꼴이라니!

"치사해. 치사하고 더러워서 안 논다. 퉤. 진원이 너 뭐야? 어제부터 방송 나왔다며 왜 오자고 한 거야? 너 나한테 또 놀자고 하기만 해 봐."

형준이는 침을 뱉으며 돌아섰어요. 사나운 형준이 표정을 보고 진원이는 한마디도 못했어요.

형준이는 생각할수록 화가 났어요. 이게 다 진원이 때문이에요. 사람 놀리는 것도 아니고 알면서 오라고 하는 건 또 뭐예요?

진원이는 얼마 전까지 형준이 앞 동에 살았어요. 그러다 시티 아파트로 이사 간 진원이가 만날 놀이터 자랑을 했어요. 하도 자랑하기에 몇 번 가서 같이 놀았어요. 진원이가 놀자고 조르니까요. 진원이 말처럼 시티 아파트 놀이터는 진짜 근사했어요. 물 놀이터도 좋았어요. 마치 워터 파크 같았어요. 여름에 거기서 같이 놀자고 약속했는데……. 그런데 오지도 못하게 하다니!

"에이, 진원이 자식! 내가 다시는 노나 봐라."

형준이는 분이 풀리지 않아 괜히 바닥을 발로 찼어요. 진원이가 미워요. 그런데 진원이가 부러워요. 형준이도 시티 아파트에 살면 얼마나 좋을까요?

"앗!"

바닥을 차며 걷던 형준이는 얼음이 되고 말았어요. 박나연이 형준이를 보고 있었어요. 언제부터 봤을까요? 혹시 아까 안경 낀 아이랑 다툴 때부터 봤을까요? 에이, 창피하게!

그런데 그때 형준이는 진짜 창피한 일이 생각나 버렸어요. 형준이는 불에 덴 것처럼 얼굴이 새빨개지고 말았어요.
형준이는 도망

치듯이 집으로 뛰어갔어요.

나연이는 그런 형준이를 보며 좀 얼떨떨한 기분이 들었어요. 형준이랑 나연이는 1학년 때 같은 반이었어요. 그런데 뭐 같은 반이었어도 친하지는 않았어요. 왜냐구요? 형준이가 나연이를 엄청 속상하게 했거든요. 바로 방금처럼요. 방금 안경 쓴 남자애가 형준이한테 한 것처럼 형준이도 나연이한테 그랬다니까요.

나연이는 지금 사는 집이 좋지만 딱 한 가지 아쉬운 게 있었어요. 바로 미끄럼틀이에요. 나연이네 집에는 미끄럼틀이 없거든요. 그네는 아빠가 마당에 달아 준 의자 그네가 있으니 괜찮아요. 그런데 미끄럼틀은 없어요. 마당 구석에 있는 플라스틱 미끄럼틀은 너무 작아 시시해요.

그런데 형준이가 사는 이화 아파트에 되게 크고 근사한 미끄럼틀이 생겼어요. 초등학교에 입학하고 얼마 안 있어 이화 아파트 놀이터를 고치는 공사를 했거든요. 아빠 말로는 아마

옆 동네에 개발 바람이 불어서 고친 것 같대요.

중요한 건 이화 아파트 놀이터가 아주 근사해졌다는 거예요. 높은 데서 곧바로 내려오는 커다란 미끄럼틀도 생기고, 꼬불꼬불 내려오는 미끄럼틀도 생겼어요. 얼마나 멋진지 유치원에 있는 낮은 미끄럼틀하고는 비교도 되지 않았어요.

그래서 나연이는 학교 수업이 끝나면 아이들하고 이화 아파트 놀이터에서 재미나게 놀았어요. 나연이 반 친구인 주윤이랑 호진이가 이화 아파트에 살았거든요.

그날도 재미있게 놀고 있었어요. 좀비 놀이를 하면서 미끄럼틀을 타고 탈출하려는 참이었지요. 그런데 형준이가 갑자기 나타나서는 나연이에게 빽 소리를 질렀어요.

"야, 박나연! 너는 이화 아파트 안 살면서 왜 여기서 노냐?"

형준이의 말에 나연이는 얼굴이 빨개졌어요.

"여기는 이화 아파트 사는 애들만 노는 곳이야. 우리가 낸 관리비로 만든 놀이터라고. 그러니까 아무나 들어올 수 없는

곳이야. 넌 앞으로 여기서 놀지 마."

　형준이는 꼭 어른처럼 말했어요. 관리비니 뭐니 어쩌고 하면서 말이에요. 나연이는 눈물이 날 것 같았어요. 그래서 주윤이랑 호진이에게 인사도 제대로 하지 않고 집으로 와 버렸어요.

　나연이가 사는 이화 마을에는 아무나 들어와도 돼요. 봄에 쑥을 캐러 오는 사람들도 많고요. 벚꽃이 피면 구경 오는 사람들도 많아요. 이화 마을 사람들은 그런 사람들에게 핀잔을 주지 않아요.

　눈이 많이 온 날에는 마을에서 아이들이 포대 자루를 가지고 썰매를 타고 놀아도 괜찮아요. 오히려 재미있게 놀라고 튼튼한 포대 자루를 주는 어른들도 많아요. 주윤이랑 호진이도 나연이 따라 몇 번이나 놀러 왔었는걸요. 마을 사람들이 키우는 개나 토끼, 닭을 구경해도 괜찮아요.

　그런데 시티 아파트도 이화 아파트도 인심이 뭐 저런지 모르겠어요. 형준이가 나연이에게 놀이터에서 놀지 말라고 상처 줬을 때 나연이는 형준이가 엄청 미웠어요. 그래서 이화 아파트 놀이터도 꼴 보기 싫었지요. 주윤이랑 호진이가 괜찮다고 몇 번이나 말해도 다시는 가고 싶지 않았어요. 그래서 진짜로 두 번 다시는 안 갔어요.

그런데 오늘 형준이가 시티 아파트 아이들에게 당하는 걸 본 거예요. 고소한 기분이 들어야 하는데 오히려 기분이 별로예요.

나연이도 아주 가끔은 엘리베이터도 있고 근사한 놀이터가 있는 아파트에 사는 애들이 부럽기도 했어요. 그런데 오늘은 누가 와도 환영해 주고 사시사철 놀 거리가 많은 이화 마을이 더 좋은 것 같아요.

살고 있는 집으로 사람을 평가하거나 차별해서는 안 돼요!

사람들은 모두 집에 살고 있어요. 모습과 형태가 조금씩 달라도 세상 사람들 모두 자신이 살고 있는 곳을 집이라고 불러요. 그렇다면 집은 무엇인가요?

사전에서 찾아보면 집은 사람이나 동물이 추위, 더위, 비바람 따위를 막고 그 속에 들어가 살기 위하여 지은 건물을 말해요. 그러니까 우리를 바깥의 위험으로부터 안전하게 지켜 주고 편안하게 먹고 자며 생활할 수 있도록 지은 곳을 말하지요.

그럼 내가 생각하는 집은 어떤 의미를 지닌 곳인가요?

● **내가 생각하는 집이란?**

사람들은 언제부터 집에서 살았을까요?

선사 시대에는 먹잇감을 찾아 수렵과 채취 생활을 했

기 때문에 한곳에 정착해 살지 않았어요. 그래서 집이라고 할 만한 곳이 없었어요. 비와 바람, 추위와 더위를 막아 주는 동굴에서 지내다가 동굴 주변에 먹을 것이 떨어지면 장소를 옮겼어요.

그럼 누가 제일 먼저 집이라고 부를 만한 곳에서 살았을까요? 바로 신석기 시대에 살았던 사람들이에요. 신석기 혁명이라 불리는 농사를 짓게 되면서 사람들은 한곳에 정착했어요. 농작물이 자랄 때까지 돌봐야 했기 때문에 농사를 짓는 곳 근처에 살게 된 거예요. 그래서 사람들은 오랫동안 살기에 편한 집을 지었지요.

신석기 시대 사람들이 지은 집을 '움집'이라고 불러요. 서울의 암사동 선사 주거지에 가면 신석기 시대 사람들이 짓고 살았던 움집을 볼 수 있어요.

모여 사는 사람들이 많아지면서 마을을 이루게 되었어

요. 집의 모습도 점점 변했지요. 사람들이 더 많이 오래 살기 위해서는 더 튼튼하고 큰 집이 필요해졌거든요. 또 나무, 돌, 황토 등등 다양한 재료를 써서 집을 지었어요. 재료를 구하는 환경에 따라 집의 모습은 달라졌어요.

● 옛날에 살았던 사람들의 집에 대해 얼마나 알고 있나요?
  내가 알고 있는 조상들의 집 이름과 특징에 대해 써 보세요.

우리가 사는 집은 모두 달라요

 사회가 계속 발전하고 변화하면서 우리가 사는 모습은 매우 다양해졌지요. 그래서 사람들이 사는 집의 모습도 많이 바뀌었어요.

 하지만 집이 위치한 곳이나 크기 또는 집의 값에 따라 그 집에 사는 사람을 평가하거나 차별해서는 절대 안 돼요. 집이 그곳에 사는 사람을 증명해 주고 대표하는 존재는 아니니까요.

 어린이 여러분은 집의 진짜 의미를 되새길 줄 알고, 나와 다른 집에 사는 사람에 대해 편견을 갖지 않았으면 좋겠어요.

우정 선물의 조건

"우아, 이거 진짜 예쁘다."

"뭔데? 뭔데?"

"지은아, 이거 하나만 주면 안 돼?"

아침부터 아이들이 지은이 곁으로 몰려들었어요. 나연이는 슬쩍 보고는 고개를 돌렸어요. 뻔해요. 지은이는 오늘도 새로운 인스를 가져왔을 거예요. 자리를 바꿔서 정말 다행이지 뭐예요. 지은이가 거들먹거리는 모습을 보지 않아도 되니까요.

새 학기 첫날에는 지은이가 나연이 뒷자리였어요. 그런데 다음 날 선생님이 한 달 동안 앉을 자리를 정해 주셨어요. 나연이는 지은이랑 멀리 떨어졌어요. 진짜 잘된 일이었어요.

아무리 생각해도 기분이 나쁘거든요. 지은이가 나연이 아빠를 농사짓는다고 무시하듯 말했던 거 말이에요. 그날 지은이는 나연이네 집에도 오지 않은데다가 그 후로 나연이에게 아는 척도 잘 안 해요. 비타민도 나연이에게는 안 줘요. 나연이도 굳이 달라는 말을 하지 않았어요.

"이건 어제 나온 신상 인스야. 되게 예쁘지?"

지은이가 인스를 들고 여왕이라도 된 것처럼 뻐기며 말했어요.

"쟤는 뭘 저렇게 갖고 오는 거야?"

미리가 입을 삐죽이며 말했어요. 미리도 인스가 되게 많아요. 아이들이 미리의 인스 앨범을 보고 엄청 부러워했거든요. 그런데 지은이는 미리의 몇 배나 많은 인스를 갖고 있어요.

게다가 미리는 손때가 탄다고 인스를 만지지도 못하게 하는데 지은이는 공짜로 막 나눠 줘요. 지은이에게 잘 보이기만

하면 10장도 받을 수 있을걸요.

"나연아, 내 인스 앨범 볼래?"

미리가 괜히 나연이에게 인스 앨범을 내밀었어요. 나연이는 미리가 보물처럼 소중히 여기는 인스 앨범을 구경했어요.

선생님이 들어오실 때까지 지은이 자리는 시끌벅적했어요.

"인기 끌고 싶어서 만날 뭐 갖고 오는 거 진짜 별로야."

미리는 나연이에게만 들릴 듯 말 듯 말했어요. 진짜 지은이는 만날 뭘 그렇게 갖고 오는지 모르겠어요.

한동안은 비타민을 계속 가져와서 아이들한테 나눠 줬어요. 애들이 비타민을 많이 받고 싶어서 지은이한테 얼마나 알랑거렸는지 몰라요. 그런데 시간이 좀 지나니까 비타민도 인기가 사라졌어요. 아무리 애들한테 인기가 많은 물건도 시간이 지나면 시들해지더라고요.

처음 인스를 학교에 가지고 온 건 미리였어요. 미리는 예쁘고 귀여운 걸 되게 좋아하거든요. 미리의 인스를 구경한 여자아이들이 하나둘 인스를 학교에 갖고 왔어요. 하지만 미리처럼 인터넷 쇼핑몰에서 주문을 하지 못한 아이들은 인스를 사고 싶어도 못 샀어요. 그런데 때마침 학교 앞 문방구에서도 인스를 팔기 시작한 거예요.

지은이는 그때만 해도 인스에 관심이 별로 없었어요. 그러다 며칠 전부터 인스를 갖고 왔어요. 지은이는 미리처럼 앨범에 인스를 모으려고 사는 게 아니었어요. 그냥 애들한테 나눠 주려고 사는 것 같아요.

'나만의 방식으로 인스처럼 캐릭터를 그려 볼까?'

나연이는 미리의 기분을 풀어 주고 싶었어요. 쉬는 시간이 되자 수첩에 그림을 그렸어요. 인스랑 비슷한 느낌이지만 자기만의 스타일로 그렸어요. 나연이표 인스를 그린 것이지요.

나연이랑 미리는 1학년 때 같은 반이었어요. 그때는 단짝 친구가 아니었어요. 그런데 2학년 때도 같은 반이 되자 꽤 친해졌어요. 미리는 이화 마을이랑 제일 가까운 화성 아파트에 살 거든요. 집에 갈 때 몇 번 같이 가다 보니 자연스레 친해졌어요. 미리랑은 마음이 꽤 잘 통하는 것 같아요.

"우아, 나연아. 너 진짜 잘 그린다."

어느새 다가온 미리는 나연이가 그린 그림을 보고 함성을 질렀어요. 나연이는 미리가 좋아하는 고양이를 자기만의 방식으로 예쁘게 그렸거든요. 그 바람에 지은이 곁에 있던 여자아이들이 미리와 나연이 곁으로 왔어요.

"이거 나연이가 그린 거야? 진짜 예쁘다."

"그러게. 인스보다 더 예쁜 것 같아."

"나연아, 나도 하나만 그려 주면 안 돼?"

어느새 아이들이 나연이 곁에 줄을 섰어요. 모두 나연이가 그린 그림을 갖고 싶어서였지요. 나연이는 원래 그림 그리는 걸 좋아해요. 좋아하다 보니 많이 그리게 됐고, 많이 그리다

보니 어느새 나연이만의 스타일이 생기더라고요.

귀찮을 법도 하지만 나연이는 오히려 즐거워졌어요. 친구들이 나연이의 그림을 좋아해 주는 것이 기뻤거든요.

"좋아하는 동물이나 물건을 말해 주면 인스처럼 그려 줄게. 내 우정 선물이라고 생각해."

나연이의 말에 아이들이 박수 치며 좋아했어요.

"나연아, 진짜 고마워. 너는 정말 좋은 친구야. 나는 우정 선물로 예쁜 지우개 줄게."

"나도, 나도 나연이한테 좋은 우정 선물 줘야지."

인스 그림 때문에 나연이는 아이들과 우정 선물을 제일 많이 나눈 친구가 되었어요. 나연이에게 그림을 부탁하지 않은 여자아이는 지은이뿐이었어요. 나연이는 별 상관없지만요.

지은이는 나연이가 그림을 그려 아이들에게 인기를 얻는 게

싫었어요. 친구들을 많이 사귀고 싶고, 친구들의 마음을 얻고 싶어서 지은이도 나름대로 노력을 많이 했어요. 만날 비타민 갖고 와서 나눠 주고 인스를 사느라 용돈을 다 써 버렸다고요. 그런데 나연이는 별것도 아닌 그림을 그려 주고 아이들의 관심과 사랑을 얻고 있잖아요.

나연이 그림 때문인지 아이들도 인스에 대해 관심이 시들해

져 버렸어요. 나연이처럼 직접 그림을 그려 스티커로 만드는 게 유행이 되었거든요.

"얘들아, 이것 가질래?"

며칠 후 지은이가 가방에서 무언가 꺼냈어요. 아이들 모두 호기심 가득한 눈빛으로 그것을 보았지요.

"에이, 그게 뭐야."

"약병은 뭐하게?"

지은이가 가져 온 건 약국에서 나누어 주는 작은 약병이었어요. 아기들에게 약 먹일 때 쓰는 작은 약병 말이에요. 나연이는 지은이가 약병을 가져온 것이 뜬금없다는 생각이 들었어요. 아무 쓸모없잖아요. 초등학교 2학년이면 이제 알약을 제법 잘 먹는다고요.

"어, 나 그거 하나만 주라. 물총 대신 쓰면 되겠는걸."

현호의 말에 몇몇 남자아이들 눈이 반짝였어요.

"오, 좋은 생각이다. 지은아, 나 하나만 줄 수 있어?"

"나도 가질래."

"지은아, 나도 하나만 줘."

아이들의 관심에 지은이가 의기양양한 표정을 지었어요.

"알았어. 내가 선물로 하나씩 다 줄게. 더 필요하면 언제든지 말해. 참, 이거 크기가 여러 종류야. 아주 큰 것도 있고, 작은 것도 있어."

"우리도 받을까?"

"저거? 받아서 뭐하게?"

몇몇 여자아이들도 약병에 관심을 보였어요. 지은이는 기회를 놓치지 않고 말했어요.

"물총으로 써도 되고, 나는 여기에 주스 담아 마셔. 괜히 더 맛있더라."

"아, 그래? 그럼 나도 하나만 줘."

금세 아이들이 또 지은이 곁으로 몰려들었어요. 지은이는 만족스러운지 활짝 웃었어요.

선물은 어떤 마음으로 주는 것일까요?

　많은 어린이 친구들이 생일이나 어린이날, 크리스마스를 기다리는 이유는 무엇일까요? 즐겁고 행복한 날이기도 하지만 멋진 선물을 받기 때문일 거예요.

　사람들은 고마운 마음 혹은 사랑하는 마음을 전할 때 다른 사람에게 선물을 해요. 원하는 것을 선물로 받으면 더 기쁘겠지만 선물은 그 자체만으로도 받는 사람을 행복하게 해요. 상대방이 나를 위해 마음을 표현해 주었다는 것만으로도 기쁘거든요.

　선물은 받는 사람뿐만 아니라 선물을 주는 사람에게도 기쁨과 즐거움을 주지요. 가게에서 선물을 고르며 우울하고 괴로운 표정을 짓는 사람은 드물어요. 선물을 받을 사람을 생각하며 고심해서 선물을 고르는 일은 기쁘고 즐거운 마음을 불러오거든요. 선물을 받은 사람이 얼마나 좋아할까 생각하면 마음이 설레지요.

● 선물을 받았을 때 어떤 마음이었는지 떠올려 볼까요?

정성스런 선물을 받으면 기분이 어떤가요?

**대가를 바라지 않고
고맙고 사랑하는 마음을 담아 주는 것**

원래 선물의 의미는 고맙고 사랑하는 마음을 담아 대가 없이 주는 것이에요. 혹은 특별한 날에 서로에 대한 애정과 관심을 표현하거나 축하하는 의미로 주고받지요.

선물의 역사는 매우 오래되었어요. 우리 조상들의 삶을 살펴보아도 이웃끼리 선물을 주고받거나 왕에게 선물을 받은 기록들이 있으니까요. 우리나라뿐만 아니라 서양에서도 선물을 주고받는 역사는 매우 오래되었지요.

● **사람들은 왜 특별한 날에 선물을 주고받았을까요?**

생일 선물 대소동

"벌써 이번 주 금요일이 4월의 마지막 날이에요. 우리가 두 달이나 함께 생활했네요. 선생님은 우리 친구들과 함께 보낸 두 달이 정말 행복했어요."

선생님 말씀에 아이들 모두 놀란 표정을 지었어요. 벌써 새로운 담임 선생님과 친구들과 생활한 지 두 달이 되었다니요.

"그래서 말인데 3월과 4월에 생일이 있는 친구들의 합동 생일 파티를 할까 해요. 이번 주 금요일에 선생님이 과자와 초코파이 케이크를 준비할 거예요."

"와! 생일 파티요!"

"대박!"

"나 4월 24일이 생일이었는데!"

"나는 3월 30일이었어!"

선생님 말씀에 아이들이 함성을 질렀어요. 몇몇 친구들은 자기 생일을 큰 소리로 말했지요. 사실 생일 파티를 싫어하는 친구들이 어디 있겠어요? 게다가 과자와 초코파이 케이크까지 있는데 말이에요.

"조용! 선생님 말 아직 안 끝났어요."

아이들은 금세 조용해졌어요. 아이들이 떠들어서 선생님 마음이 바뀌기라도 하면 큰일이니까요.

"생일을 맞은 친구는 장기 자랑을 준비하고 다른 친구들은 생일인 친구에게 줄 선물을 준비해 오세요. 단 1000원이 넘는 선물은 안 돼요. 선물은 가격이나 크기보다 준비하는 사람의 마음이 더 중요한 것이니까요. 1000원으로 멋진 선물을 정성껏 준비해 보세요."

선생님 말씀이 끝나자 아이들은 얼떨떨한 표정을 지었어요.

"선생님, 10000원이 아니고 1000원이에요?"

"네, 1000원이에요. 절대 1000원이 넘으면 안 돼요."

호준이의 말에 선생님이 다시 한 번 강조하셨어요. 좀 전까지 신나서 소리를 지르던 아이들은 울상이 되었어요.

"아니, 1000원으로 살 게 뭐 있어?"

"그러게. 미미 분식에서 떡꼬치 하나 살 수 있겠다."

"1000원은 진짜 심한 거 아니니?"

"싸구려 물건만 잔뜩 받는 거 아니야?"

몰래 수군수군 불평하는 친구들도 있었어요.

"잘 생각해 보면 1000원으로 살 수 있는 것도 많아. 인스도 한 장에 500원이잖아."

"맞다. 반지도 1000원이야."

"팔찌도 있네."

"지우개랑 펜도 있어."

그래도 즐거운 마음으로 열심히 고민해 보는 친구들도 있었고요.

나연이도 행복한 고민에 빠졌어요. 단짝 친구 미리도 생일 파티의 주인공이거든요. 미리는 3월 2일이 생일이었대요. 그런데 그때까지만 해도 서로 생일 선물을 전할 만큼 친하지 않았거든요. 정말 잘됐지 뭐예요. 이제라도 생일 선물을 해 줄 수 있으니까요.

"엄마, 1000원으로 살 수 있는 제일 멋지고 좋은 선물이 뭐가 있을까요?"

집으로 돌아오는 내내 고민했지만 나연이는 답을 찾지 못했어요. 그래서 집에 오자마자 엄마에게 생일 파티 이야기를 하고 의견을 물었어요.

"음, 뭐가 좋을까?"

엄마는 턱을 쓰다듬으며 곰곰 생각했어요.

"선생님은 분명 선물에 들인 돈보다는 선물의 진정한 의미를 알기를 바라실 거야."

엄마도, 나연이도 함께 고민에 빠졌어요.

하루, 이틀, 사흘이 지난 목요일 아침이었어요.

"엄마, 꼬꼬가 첫 달걀을 낳았어요."

이른 아침 닭장에 나간 나연이가 소리를 질렀어요. 꼬꼬는 나연이가 기르는 닭이에요. 꼬꼬의 어미가 부화시킨 병아리를 나연이가 정성껏 돌봤지요. 그런 꼬꼬가 어느덧 자라 첫 달걀을 낳은 것이에요.

"어머, 기특해라."

온 가족 모두 꼬꼬가 낳은 달걀을 보고 미소를 지었어요. 꼬꼬가 건강하게 자랄 수 있도록 정성을 다해 돌본 나연이는 정말이지 뿌듯했어요.

"나연아, 저 달걀 어때?"

갑자기 엄마가 말했어요.

"달걀이요?"

"그래, 어미 닭이 처음 낳은 달걀은 초란이라고 불러. 초란은 값도 더 비싸고 면역 물질도 풍부해서 아주 귀한 달걀이거든. 게다가 나연이 네가 정성껏 기른 꼬꼬의 초란이니 의미도 더 있잖아."

"와, 정말 좋아요."

엄마의 말에 나연이도 박수를 치며 좋아했어요. 돈으로 따질 수 없는 정말 좋은 선물이 될 것 같았거든요.

나연이는 할아버지가 짚으로 만들어 주신 달걀 꾸러미에 초란을 넣었어요. 정성껏 쓴 편지도 준비했지요. 이번 달 생일 파티 주인공은 모두 세 명이에요. 그러니 꼬꼬가 낳은 초란 여섯 개를 두 개씩 넣고 다른 닭들이 낳은 달걀 중 귀한 청란도 넣었어요.

 자칫 귀한 달걀이 깨질까 싶어 나연이는 학교까지 정말 조심조심해서 달걀 꾸러미를 가지고 갔어요.

 생일 파티 날이라 그런지 반 아이들 모두 들떠 보였어요. 미리는 어떤 선물을 받을지 굉장히 기대하는 것 같았어요.

 생일인 친구들이 교탁 앞으로 나와 장기 자랑을 했어요. 춤을 춘 친구도 있고, 노래를 부른 친구도 있었어요. 태권도 시범을 보인 친구도 있었고요.

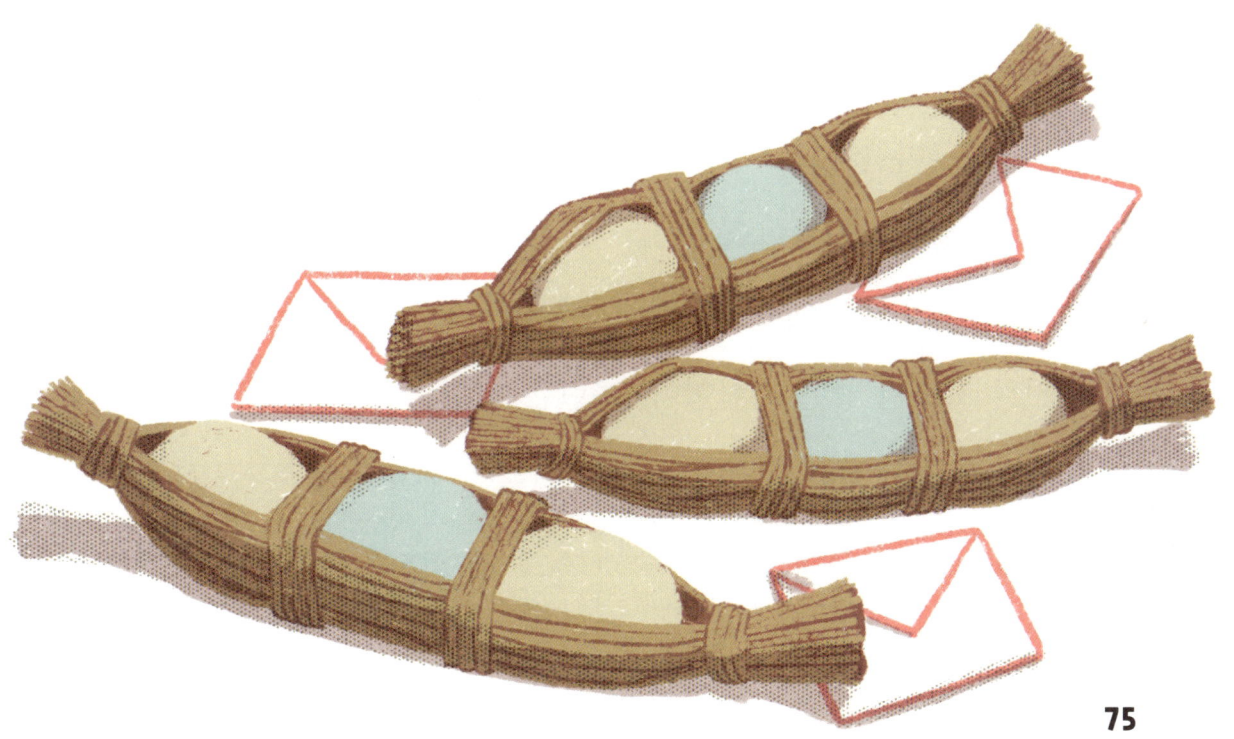

선생님이 마련한 초코파이 케이크에 초를 꼽고 생일 축하 노래도 불렀어요.

"자, 그럼 이제 각자 준비해 온 선물을 주는 시간을 가져 볼게요. 선물이 없어도 괜찮아요. 선물이 없다고 생일을 축하하는 귀한 마음까지 없는 건 아니니까요."

생일을 맞은 친구에게 반 아이들이 준비한 선물을 나눠 주었어요. 나연이는 선물을 전달할 때까지도 정말 조심했어요.

"이게 뭐야? 달걀이 선물이야?"

미리가 놀라 소리쳤어요.

"달걀도 선물이야?"

규진이도 마찬가지였어요. 예상하지 못한 아이들의 반응에 나연이는 당황스러웠어요.

"그게, 내가 편지에도 썼는데 이건 보통 달걀이 아니야. 내가 기른 꼬꼬가 낳은 초란이야. 초란은 엄청 귀한 거거든. 그리고 다른 닭이 낳은 청란도 있는데……."

"아, 몰라. 달걀이 뭐야. 집에도 달걀이 많은데, 뭘 선물로 줘. 이걸로 뭐하라고. 달걀프라이를 해 먹으라는 거야?"

미리는 투덜거리며 달걀 꾸러미를 책상 한쪽으로 치워 버렸어요. 나연이는 달걀 꾸러미가 책상 아래로 떨어질까 봐 조마조마했어요.

"우아, 나연아. 정말 멋진 선물을 준비했구나. 얘들아. 선생님이 원한 것이 바로 이런 거야. 나연이처럼 선물의 진정한 의미를 찬찬히 생각해 보고 준비했으면 했단다. 우정이나 사랑은 절대 돈으로 살 수 없는 거잖아. 나연이가 정성스럽게 돌본 닭 꼬꼬가 낳은 초란을 선물하다니. 정말 멋지다."

선생님은 진심으로 감동 받은 표정이었어요. 선생님이 나연이를 칭찬하니까 미리는 눈치를 보더니 달걀 꾸러미를 가방에 넣었어요. 하지만 삐죽거리는 표정은 여전했어요.

"얘들아, 선물은 말이야. 누군가를 생각하는 마음을 담아 표현하는 것이지 비싸고 좋은 물건을 주는 게 아니야. 선생님이 생일 파티를 열고 생일 선물을 준비해 보라고 한 건 너희가 그런 마음을 이해하고 배우는 기회가 되길 바라서였단다."

규진이도 선생님 말씀을 들으며 고개를 끄덕였어요. 그래도 여전히 달걀 꾸러미는 마음에 들지 않는다는 표정이었어요.

쉬는 시간이 되자 미리가 지은이 자리로 다가갔어요. 미리 곁으로 가려던 나연이는 다시 자리에 앉았어요. 그리고 보지 않는 척하면서 미리와 지은이가 대화하는 걸 슬쩍 들었어요.

"이거 진짜 예쁘다. 내가 평소에 무척 갖고 싶던 거였어. 우리 엄마는 약국에 가면 그냥 밴드만 사지, 캐릭터 밴드는 절대 안 사 주시거든."

"그래? 마음에 들었다니 정말 기쁘다. 더 줄까? 1000원이어야 한다고 해서 한 통밖에 못 준 거야. 얼마든지 더 줄 수 있어."

지은이의 말에 미리는 지은이의 팔짱을 꼈어요.

"우아, 진짜?"

나연이는 미리에게 초란과 청란에 대해 더 이야기하고 싶었어요. 청란은 진짜 고소한 달걀이거든요. 나연이네 집에서 키우는 닭들 중 청란을 낳을 수 있는 닭은 몇 마리 없어요. 그만큼 귀한 달걀이라는 이야기지요.

미리와 지은이는 쉬는 시간 내내 캐릭터 밴드에 대해 이야기했어요. 다음 번 쉬는 시간에도, 그 다음 번 쉬는 시간에도 말이에요.

그래서 나연이는 좀처럼 미리와 말할 기회가 생기지 않았어요. 나연이는 왠지 모르게 섭섭한 마음이 들었어요. 나연이가 미리를 생각하며 준비한 선물이 오히려 미리의 마음을 상하게 한 것 같았거든요. 그래서 둘 사이가 멀어진 것 같았어요.

나연이는 미리에게 다가가 은근슬쩍 물어보았어요.

"미리야, 내 선물 마음에 안 들어? 그래서 혹시 화났어?"

"화는 안 났는데. 솔직히 기분은 별로야. 너무 성의 없는 거 아냐? 친한 친구한테 집에도 있는 달걀을 선물하는 건 너무 대충 생각한 것 같아. 나는 친한 친구일수록 비싸고 좋은 선물을 줘야 한다고 생각하거든."

 미리의 말에 나연이는 말문이 막혔어요. 나연이 역시 친한 친구니까 더 열심히 고민하고 더 의미 있는 선물을 하려고 했는데 말이에요. 며칠 동안이나 엄마랑 머리를 맞대면서요. 편지지에도 나연이가 직접 그림을 그려 꾸몄는걸요. 그런데 미리한테는 나연이의 그런 마음이 하나도 중요하지 않았나 봐요.

좋아하는 친구일수록 선물도 비싸고 좋은 것을 해야 할까요?

어떤 선물이 가장 기억에 오래 남을까요? 화려하고 값비싼 선물이 사람들의 기억에 오래 남을 것 같나요? 하지만 그보다 더 오랫동안 기억하는 선물은 선물하는 사람의 진실한 마음이 들어간 선물이랍니다. 시간이 지날수록 그 선물을 준비하기 위해 얼마나 많은 정성과 마음을 담았는지 알게 되기 때문이지요.

● 내가 받은 선물 중 지금껏 가장 기억에 남는 선물은 무엇이 었나요?

마음은 돈이나 값비싼 선물로 표현할 수 없어요

 누군가를 생각하는 마음이 크면 클수록 그 사람에게 해 주고 싶은 것도 많아져요. 마치 부모님이 자녀에게 아낌없이 사랑을 베풀고 더 많은 것을 해 주기 위해 노력하는 것처럼 말이에요. 그런 부모님의 마음을 돈으로 환산할 수 없답니다.
 그러나 간혹 상대가 나에게 하는 것보다 내가 상대에

게 더 많이 베풀면 그것을 손해라고 여기는 사람들이 있어요. 또한 안타깝게도 사랑이나 우정, 애정의 깊이를 물질적인 것으로 보여 줘야 한다고 생각하는 사람들도 있어요. 예를 들면 내가 단짝인데 가장 좋은 선물을 받아야 한다고 생각하거나, 나를 좋아하는 마음만큼 비싼 선물을 줘야 한다고 생각하는 마음이지요.

- 여러분은 어떻게 생각하나요? 내가 친구를 생각하는 마음이 크고 깊을수록 친구의 생일에 비싸고 좋은 선물을 주어야 한다고 생각하나요?

● 내가 정성 들여 선물한 것을 친구가 비싸지 않다는 이유로 마음에 들어 하지 않거나 내 우정을 의심한다면 어떤 기분이 들 것 같나요?

어떤 사람은 사람의 마음을 돈으로 살 수 있다고 믿어요. 돈이 많으면 더 좋은 집에 살 수 있고 더 편한 삶을 살 수 있다고 믿기 때문이죠. 그래서 우정과 사랑도 돈으로 살 수 있다고 믿는 거예요.

어떤 사람들은 친구를 사귀기 위해 친구에게 자주 선물을 주기도 해요. 자신을 좋아하지 않는 사람의 마음을 얻기 위해 값비싼 선물을 하기도 하고요. 그런 선물을 하

면 마음을 얻을 수 있다고 생각하는 거예요.

　하지만 이런 생각은 잘못된 생각이에요. 우정이나 사랑, 존중은 서로를 향한 마음에서 자연스럽게 생겨나는 거예요. 마음은 돈을 준다고 해서 갑자기 늘어나는 물건이 아니랍니다. 그러니 값비싼 선물이 서로를 생각하는 마음을 대신하는 것도 절대 아니에요. 진심은 돈이나 선물이 아니라 서로를 생각하는 마음과 행동에서 나온다는 걸 잊지 마세요.

- 여러분은 우정이나 사람의 마음을 돈으로 값어치를 매길 수 있다고 생각하나요?

- 만약 내 마음을 누군가 돈으로 사겠다고 한다면 얼마큼 돈을 주고 사야 할까요?

오늘도 네가 쏘는 거야?

드디어 5교시 수업이 끝났어요.

"미……."

가방을 싼 나연이는 미리를 부르려다 멈칫했어요. 나연이는 이제 미리에게 집에 같이 가자고 말하기가 조금 어색해졌어요. 생일 파티 이후로 미리는 나연이에게 쌀쌀맞거든요. 나연이는 조금 속상한 마음이 들었어요. 미리를 가장 기쁘게 해 주려고 생각했던 선물이 오히려 미리와 멀어지게 만든 것 같았으니까요.

게다가 요즘 미리는 틈만 나면 지은이 곁에 있어요. 스티커나 예쁜 문구를 좋아하는 미리에게 지은이가 그런 것을 많이 주는 것 같더라고요.

혼자 교실을 나선 나연이가 신발을 갈아 신을 때였어요.

"나 오늘 코끼리 분식집 갈 건데 같이 갈 사람! 어제 용돈 받았거든."

신발을 갈아 신는 곳에서 지은이가 아이들을 향해 버스 카드를 흔들어 보였어요.

"네가 쏘는 거야? 나 시간 돼. 같이 가자."

미리가 냉큼 지은이 팔짱을 꼈어요. 미리는 이제 지은이를 얄미워하던 마음이 바뀌었나 봐요.

"나도 갈래."

"나도 같이 가자."

미리 말고도 몇 명이 더 지은이 곁으로 몰려들었어요. 지은이는 신난 표정으로 아이들에게 둘러싸여 걸어갔어요.

학교 앞 코끼리 분식에는 늘 아이들이 북적거려요. 메뉴도 많고 가격도 싸거든요. 게다가 버스 카드나 부모님이 미리 지불해 놓은 금액으로 음식을 사 먹을 수도 있어요. 그래서 아이들에게 인기가 많아요.

"지은아, 우리도 사 줘라."

남자아이들도 지은이에게 매달렸어요.

"안 돼. 오늘은 예나까지만 사 줄 거야."

지은이가 단호한 표정으로 말하자 남자아이들은 실망한 기색이 역력했어요.

"다음에 너희 하는 거 봐서 사 줄게."

지은이는 카드를 들고 의기양양하게 코끼리 분식으로 갔어요. 지은이에게 얻어먹기로 한 여자아이들은 신난 얼굴로 지은이 뒤를 따랐고요.
'지은이는 도대체 용돈을 얼마나 받는 걸까?'
나연이는 아직 용돈을 받지 않아요. 나연이 부모님은 초등학교 2학년 아이가 돈을 가지고 다니는 것은 조금 위험하다고 생각하시거든요. 나연이도 코끼리 분식집에서 몇

91

번 사 먹은 적이 있어요. 엄마가 학교 앞으로 데리러 왔을 때 사 주셨거든요. 지은이처럼 용돈을 받아서 아이들에게 사 주거나 혼자 사 먹는 건 상상도 못해 봤어요.

나연이는 집으로 돌아오는 내내 가라앉은 마음이 나아지지 않았어요. 나연이는 점점 친구를 사귀는 게 어렵다는 생각이 들어요. 마음이 잘 맞는다고 생각했던 미리는 지은이랑만 친하게 지내니까요. 지은이는 나연이 아빠가 농부라는 이유로 은근히 무시하는 것 같고요.

"나연아, 오늘 학교에서 무슨 일 있었어?"

마당에 있던 엄마가 나연이를 보고 물었어요.

"아무것도 아니에요."

나연이는 그냥 얼버무리고 말았어요. 엄마랑 정성껏 준비한 생일 선물 때문에 친구랑 멀어졌다고 이야기하면 엄마도 속상해할 것 같았거든요.

"그럼 손 씻고 간식 먹어. 마당 정리만 끝내고 같이 나가자.

엄마 볼일 보고 마트도 갈까? 할머니 영양제 사러 약국도 가자. 우리 나연이 좋아하는 스티커도 사 줄까?"

엄마 말에 나연이 얼굴이 금세 밝아졌어요. 아무 날도 아닌데 엄마가 선물을 사 주신다고 하니 말이에요.

엄마의 볼일은 행정 복지 센터에 가는 것이었어요. 행정 복지 센터에 들렀다가 나연이와 엄마는 시티 아파트 근처에 생긴 큰 마트에 갔어요. 큰 마트에는 정말 없는 게 없었어요. 시티 아파트 상가에도 새로운 가게들이 많았어요.

"나연아, 그렇게 신기해?"

엄마가 나연이를 보며 웃었어요. 엄마가 차 트렁크에 짐을 싣는 동안 나연이는 입을 벌린 채 새로 생긴 가게들을 구경했거든요.

"엄마, 우리도 시티 아파트에 살면 좋겠어요."

"그래? 엄마는 나연이가 우리 집을 되게 좋아하는 줄 알았는데 아니었구나."

엄마의 말에 나연이는 고민에 빠졌어요. 엄마 말이 맞아요. 나연이는 지금 사는 집이 좋아요. 그런데 오늘 보니까 시티 아파트가 정말 좋아 보여요. 집 안에는 들어가지 않아서 잘 모르지만 없는 게 없는 큰 마트도 가깝고 신기한 가게들도 많아요. 그래서 시티 아파트에 살면 정말 좋을 것 같다는 생각이 들었어요.

하지만 아파트에서 살면 지금처럼 마당도 없고, 꼬꼬도 못 키우겠죠? 나연이는 생각하면 할수록 고민이 됐어요.

"우리 딸 너무 진지하게 고민하는 거 아냐? 장은 다 봤으니 약국에 들러서 할머니 영양제를 사고 팬시점에 가 보자."

"좋아요."

나연이는 엄마와 약국으로 향했어요. 새로 생긴 약국이라 깨끗하고 물건도 많았어요. 나연이는 엄마가 약사 아저씨와 이야기하는 동안 약국의 물건들을 구경했어요.

"너 이게 무슨 짓이야? 어?"

약국의 한구석에서 무슨 말소리가 났어요. 나연이가 슬쩍 돌아보니 엄마는 약사 아저씨와 이야기를 나누느라 여념이 없었어요. 그래서 나연이는 슬금슬금 소리가 나는 쪽으로 가 보았어요.

소리가 나는 곳은 바로 약국 구석에 있는 작은 문이었어요. 조제실은 약국 안쪽에 있는데, 이 작은 문은 무엇일까요? 그때 문 안쪽에서 말소리가 좀 더 또렷하게 들렸어요.

"용돈 받은 지 얼마나 됐다고 엄마 버스 카드를 가지고 나가? 대체 뭐했기에 이만 원이나 쓴 거야? 지은아, 너 대체 뭘 하고 다니는 거니?"

"배가 고파서 분식집에서 뭐 좀 사 먹었다니까. 분식집에서 조금만 먹어도 금방 이만 원이 돼! 배고픈데 그럼 어떡해?"

어라? 이 목소리의 주인공은 아무래도 나연이가 아는 사람 같아요. 맞아요. 지은이에요.

그러고 보니 지은이가 부모님이 새로 생긴 시티 아파트 상가에서 약국을 한다고 말한 게 기억났어요. 이곳이 바로 지은이네 부모님이 운영하는 약국인가 봐요.

가만 들어 보니 지은이가 엄마 버스 카드를 들고 나가 이만 원이나 썼나 봐요. 그래서 엄마한테 혼나는 것이고요.

그럼 아까 지은이가 용돈을 탔다며 자랑하던 그 버스 카드가 지은이 것이 아니라 지은이 엄마 것이었나 봐요. 지은이는 대체 왜 거짓말까지 하며 아이들에게 떡볶이를 사 줬을까요?

"너 도대체 왜 그러니? 만날 비타민이고 밴드고 몰래 가지고 가고. 용돈은 어디다 써 버리는 거야? 초등학교 2학년이 일주일에 이만 원이 부족하다는 게 말이 되니? 엄마, 아빠는 점심, 저녁도 제대로 못 먹어 가면서 밤늦게까지 약국 보는데 너는 왜 그러는 거야?"

"내가 뭘? 물건이 비싼 걸 어떻게 해? 나는 만날 혼자 있잖아. 그러니까 돈 쓸 데가 많다고!"

"네가 왜 혼자야? 할머니 계시잖아. 할머니가 간식도 해 주시고 밥도 챙겨 주시는데 왜 자꾸 분식집에 가는 거야?"

"할머니가 해 주는 거 맛없어. 그리고 할머니가 내 친구는 아니잖아. 나 심심하단 말이야."

"지은아, 친구들한테 그렇게 돈 쓰고 선물 주는 거 좋은 방법이 아니야. 마음으로 친구를 사귀어야지. 자꾸 돈으로 친구 마음을 사려고 하면 어떻게 해?"

"그럼 어떻게 하란 말이야. 나는 만날 혼자 있잖아. 혼자 심심하다고!"

"애 좀 봐. 점점 버릇도 나빠지고 큰일이네. 너 돈을 함부로 쓰는 버릇 고쳐야 해. 앞으로 용돈 없을 줄 알아!"

"내가 무슨 돈을 함부로 쓴다고 그래? 싫어. 싫다고! 엄마 정말 미워!"

갑자기 문이 벌컥 열리며 지은이가 나왔어요. 나연이는 깜짝 놀라 얼른 기둥 뒤로 숨었어요. 다행히 지은이는 나연이를 보지 못한 것 같았어요. 지은이 엄마가 한숨을 내쉬며 조제실

안으로 들어갔어요. 그 모습을 보니 나연이는 기분이 이상했어요.

그동안 지은이가 가지고 온 비타민과 캐릭터 밴드는 모두 엄마 몰래 가지고 온 것이었나 봐요. 나연이는 지은이의 마음이 이해 가지 않았어요. 지은이는 대체 왜 그렇게까지 했을까요?

"정말 이것만 사도 돼?"

엄마가 스티커를 한 장만 고른 나연이를 보고 물었지만, 나연이는 고개만 끄덕였어요. 마음이 복잡해서인지 그렇게 사고 싶었던 스티커들이 눈에 들어오지 않았어요.

"이화 마을에 새로운 바람이 불고 있구나. 편리해져서 좋기는 한데 엄마는 한편으로 조금 안타깝다는 생각이 드네."

돌아오는 차 안에서 엄마는 알 듯 모를 듯한 이야기를 했어요. 아마도 이화 마을에 살던 엄마의 친구들이 서울로 많이 이사 가서 그런 것 같아요. 농사를 짓던 엄마 친구들은 개발 바람이 불자 서울로 이사를 많이 갔거든요. 땅값이 많이 올랐

는데 왜 힘든 농사를 짓냐면서 나연이 엄마에게도 서울로 이사 가자고 했어요. 하지만 그럴 때마다 나연이 엄마, 아빠는 이화 마을에 남겠다고 했지요.

"돈이면 다 되는 세상이 되어 가는 것 같아서 좀 슬프다. 진짜 중요한 건 돈으로 살 수 없는데 말이야……."

조금 어려운 이야기였어요. 그런데도 나연이는 엄마 말에 고개를 끄덕였어요.

우정을 용돈으로 살 수 있을까요?

여러분은 용돈을 받고 있나요? 부모님께 용돈을 받아서 쓰는 친구들도 있을 거예요. 그런데 이 용돈이 어떤 돈인지 잘 알고 있나요? 용돈은 자질구레하게 쓰는 돈 혹은 특별한 목적을 갖지 않고 개인이 자유롭게 쓸 수 있는 돈을 말해요.

대부분의 초등학생들은 부모님과 함께 살기 때문에 식비 등을 내지 않아요. 교통비나 통신 요금 등도 부모님이 내실 거예요. 그러면 용돈이 왜 필요할까 하는 생각이 들

수도 있어요. 여러분은 이에 대해 어떻게 생각하나요?

● 초등학생에게 용돈이 필요하다고 생각하나요? 만일 그렇다면 어디에 용돈을 쓸 수 있을까요?

용돈은 얼마가 적당할까요? 또 어떻게 써야 할까요?

아빠, 엄마가 둘 다 일하시는 경우에는 학교 수업이 끝나고 나서 바로 학원을 가는 경우가 많아요. 그럴 때 간식을 사 먹어야 하는 일이 많지요. 또한 어린이 친구들이 취미 생활을 하는 데 돈이 들기도 해요. 대부분의 초등학생들은 용돈으로 군것질을 하거나 갖고 싶었던 물건을 사는 데 쓴다고 해요. 그렇다면 여러분은 초등학생들의 용돈으로 얼마 정도가 적당하다고 생각하나요?

● 여러분이 생각하기에 적당한 용돈의 금액은 얼마인가요?

만일 여러분이 용돈을 받는다면 주로 무엇을 하는 데 쓰나요? 혹 받지 않는다면 용돈을 받을 경우에 무엇을 하고 싶은가요?

● 만일 용돈을 받는다면 나는 무엇을 하는 데 용돈을 쓰고 싶나요?

좋은 친구를 사귀기 위해 돈을 마구 써도 되는 걸까요?

어떤 친구들은 친구를 사귀거나 친해지기 위해 비싼 선물을 사 주기도 해요. 혹은 간식거리를 아무런 이유 없이 사기도 하고요. 이런 친구들을 보면 어떤 생각이 드나요?

● 친구를 사귀기 위해 비싼 선물을 하거나 간식을 사는 것에 대해 어떤 생각이 드나요?

진짜 마음을 나누는 친구를 만나는 법

　나연이는 괜스레 지은이 쪽을 봤어요. 며칠째 지은이가 평소와 달랐거든요. 가방 가득 무언가를 가지고 와서 시끌벅적하게 아이들을 모으지도 않았어요. 또 자신이 쏠 테니 분식집에 가자고 나서지도 않았어요.

　더 이상한 건 다른 아이들의 반응이었어요. 하루 이틀은 지은이 곁에서 말도 걸고 친한 척을 했어요. 하지만 사흘째 지은이에게서 얻을 것이 없자 언제 친했냐는 듯 멀어져 버리지 뭐예요.

미리도 마찬가지였어요. 대놓고 뭐 나눠 줄 것 없냐고 묻는 아이들과는 달랐지만 미리 역시 슬금슬금 지은이랑 멀어졌어요. 지은이 곁에 있어도 지은이가 아무것도 주지 않자 미리는 몹시 실망한 표정이었지요.

아이들에게 둘러싸여 하교하던 지은이도 오늘은 나연이처럼 혼자였어요. 언제나 당당해 보이던 지은이가 어쩐지 초라해 보이기도 했어요.

'참 이상한 일이네. 지은이가 용돈을 못 받게 돼서 저렇게 된 걸까? 세상에 둘도 없는 단짝처럼 지내던 미리도 그렇고. 다른 아이들도 왜 그렇게 쉽게 마음이 변한 걸까?'

나연이는 언젠가 엄마가 한 말이 떠올랐어요. 사람의 마음은 결국 돈으로 살 수 없다는 말이었어요.

어깨를 축 늘어뜨린 채 집으로 가는 지은이를 보니 나연이는 처음에는 좀 고소하다는 생각이 들었어요. 하지만 시간이 지날수록 풀이 죽은 지은이를 보니 기분이 썩 좋지만은 않았어요.

다들 지은이보다는 지은이가 주는 선물과 용돈에만 관심이 있었다는 거잖아요. 마치 지은이가 나연이네 사정을 제대로 알아보지도 않고 아빠가 농부라는 이유만으로 무시했던 것처럼요. 미리도 마찬가지고요. 달걀 선물에 담긴 나연이의 마음은 모른 체하고 가격이나 겉모습만 따졌잖아요.

"어, 나연아!"

무거운 발걸음으로 가는데 누군가 나연이를 불렀어요. 돌아보니 윤아였어요.

"안녕?"

"응, 집에 가는 거야?"

"어, 너도 집에 가?"

"응. 참, 나연아. 지난번에 생일 선물로 준 초란 정말 고마웠어. 우리 엄마도 귀한 선물 받았다고 정말 좋아하셨어."

윤아도 꼬꼬의 초란을 받은 친구 중 한 명이었어요. 그날 나연이에게 생일 선물로 꼬꼬의 초란을 받은 친구는 미리, 규

진, 윤아였지요.

"말할 기회가 없어서 고맙다는 인사도 못했어. 나연아, 멋진 선물을 줘서 고마워."

윤아의 말에 나연이는 아무 말도 안 나왔어요. 단짝 친구 미리는 나연이의 선물이 보잘것없다고 화를 냈어요. 그런데 윤아는 그 선물이 진짜 고마웠다고 말하니 말이에요.

"나는 시티 아파트에 살거든. 그래서 마당이 있는 집이 너무 부러워. 넌 이화 마을에 살지?"

"맞아. 이화 마을 살아. 큰 기둥 있는 집이 우리 집이야."

나연이의 말에 윤아의 눈이 커다래졌어요.

"진짜? 그 라푼젤이 사는 집 같은 곳 말이야? 진짜 좋겠다. 그런 멋진 집에 살고! 꼬꼬도 키울 수 있고, 귀한 초란도 얻을 수 있다니. 나연아, 나중에 너희 집에 놀러 가면 안 돼?"

나연이는 어리둥절해졌어요. 시티 아파트에 사는 많은 친구들이 이화 마을을 시골이라고 무시했거든요. 그런데 윤아는 부럽다고 하지 뭐예요.

"우리 아빠는 농사지으셔."

나연이는 또 상처받고 싶지 않았어요. 그래서 마음을 딱딱하게 만들었어요. 지은이처럼 나연이네 집의 겉모습을 보고 놀러 오겠다고 했다가 아빠의 직업을 듣고 마음을 바꿀 수도 있잖아요.

"진짜? 대단하시다. 우리 할아버지도 고창에서 농사지으셔. 수박 농사. 난 할아버지 집에 가는 거 엄청 좋아. 할아버지 집에도 너희 집처럼 꼬꼬도 있고 큰 개도 있어."

나연이는 윤아의 말을 듣고 딱딱해졌던 마음이 스르륵 풀어졌어요.

"우리 아빠는 농사 공부를 많이 하셨어. 그래서 집에 연구실도 있어. 우리 아빠가 농사지은 배는 둘이 먹다 둘이 죽어도 몰라. 우리 집에 놀러 오면 꼭 먹게 해 줄게."

"정말? 나는 나중에 우리 할아버지가 농사지은 수박 나눠 줄게. 너희 집에 언제 갈까?"

모처럼 나연이는 마음이 맞는 친구를 만난 것 같아 신났어요. 그래서 윤아랑 이런저런 이야기를 더 나누었지요.

어디에 사는지는 어쩌면 크게 중요한 것이 아닌지도 몰라요. 나연이가 이화 마을에 사는 걸 얼마나 좋아하는데요. 그런데 시티 아파트가 생기고 나니 괜히 화려한 겉모습을 가진 시티 아파트 때문에 주눅이 들었어요. 누가 어디 사냐고 물어보면 대답하기도 꺼려졌고요.

지은이는 나연이의 아빠 직업을 무시하는 말투로 말했어요. 나연이 아빠는 누구보다 자신의 직업에 자부심을 갖고 계신데 말이에요. 하지만 지은이는 약사인 자신의 엄마, 아빠만 좋은 직업인 것처럼 말했지요.

또 나연이는 아직 용돈이 필요 없다고 생각했어요. 친구에게도 비싼 선물을 주는 것보다는 친구를 생각하는 마음이 담긴 선물이 최고라고 생각했으니까요. 하지만 미리는 나연이와 마음이 달랐지요.
그래서 나연이는 내가
잘못한 것은 아닌가 하고
고민이 많았어요.
　그런데 나연이가 맞았어요. 지은이가 선물을 주지 않자 마음이 변해 버린 친구들을 봐도 그렇고요.

윤아처럼 나연이의 진심을 알아주는 친구도 있으니까요.

　모처럼 나연이는 밝은 얼굴로 집에 돌아왔어요. 마당에서 일을 하던 엄마는 그런 나연이를 보고 활짝 웃으며 말씀하셨어요.

　"나연아, 오늘은 기분이 좋아 보이네. 무슨 좋은 일 있었니?"

　"엄마, 제 달걀 선물의 의미를 알고 있는 친구를 만난 것 같아요."

　"어머, 그래. 아주 좋은 일이 생겼네. 돈의 가치를 떠나 선물에 담긴 진짜 의미를 아는 친구를 만나는 건 쉬운 일이 아니야. 엄마가 보기에 선생님이 너희에게 그런 의미를 알려 주려고 하셨던 것 같아. 많은 사람들이 선물의 진짜 의미와 가치를 잘못 생각하거든."

　문득 나연이 머릿속에 지은이의 쓸쓸한 뒷모습이 떠올랐어요. 지은이도 돈의 가치와 선물의 가치를 잘못 생각하고 있는 것이겠죠? 그러니까 친구들의 마음을 돈으로 사려고 했던 걸 거예요. 그래서 좀 안타까운 마음이 들었어요.

　나연이는 이제 조금 알 것 같았어요. 친구를 사귈 때는 마음을 사는 것이 아니라 나누는 것이라는걸요. 돈은 친구를 사귀려고 쓰는 게 아니라 가치 있게 써야 한다는 것을요. 그리고 진짜 마음을 나눌 수 있는 친구를 만나는 것이 얼마나 소중한 일인지 깨달았답니다.

다 함께 마음을 나누며 살아가는 사회를 위해

우리 사회에서 경제 활동은 매우 중요해요. 경제 활동은 우리에게 필요한 물건이나 활동을 만들어 이것을 사고팔거나 사용하는 것, 그리고 그것과 연관된 모든 일을 말하지요. 경제활동은 생산, 분배, 그리고 소비로 크게 구분됩니다.

'생산'이란 무엇일까요? 바로 우리 생활에 필요한 것을 만들거나, 만들어진 물건의 가치를 높이는 일을 말해요. 어린이들이 좋아하는 게임기를 만들거나, 옷을 만들거나, 치킨을 만드는 일은 '생산 활동'이에요. 그리고 학교에서 선생님이 수업하는 것 혹은 의사 선생님이 환자를 치료하는 일 등도 모두 생산 활동이에요.

'분배'는 생산 활동으로 필요한 것을 만들거나 제공한 뒤 그에 해당하는 대가를 받는 것을 말해요. 일을 한 사람에게는 임금을 주고, 돈을 빌려 준 사람에게는 이자를 소득으로 주는 것이 '분배 활동'이랍니다.

그럼 마지막으로 '소비'는 무엇일까요? 바로 우리가 얻은 소득으로 살아가는 데 필요한 것을 사고 만족을 얻는 활동을 말해요. 맛있는 것을 사 먹거나 옷을 사는 일 또는 미용실에서 머리를 하고, 영화관에 가서 영화를 보는 일 등이 모두 '소비 활동'이에요.

경제는 이 세 가지 활동이 잘 돌고 도는 것이 제일 중요해요. 생산 활동만 이루어지고 그렇게 만든 물건을 사람들이 잘 사지 않으면 어떻게 될까요? 혹은 일한 만큼 대가를 잘 나누어 받지 못한다면 어떻게 될까요? 상상만으로도 머리가 아프다고요?

맞아요. 그렇게 된다면 사람들이 두루 잘 살기가 어려울 거예요. 그래서 생산, 분배, 소비가 골고루 이루어져야 사회가 잘 돌아가고 사회를 이루는 구성원들이 행복하게 살 수 있어요.

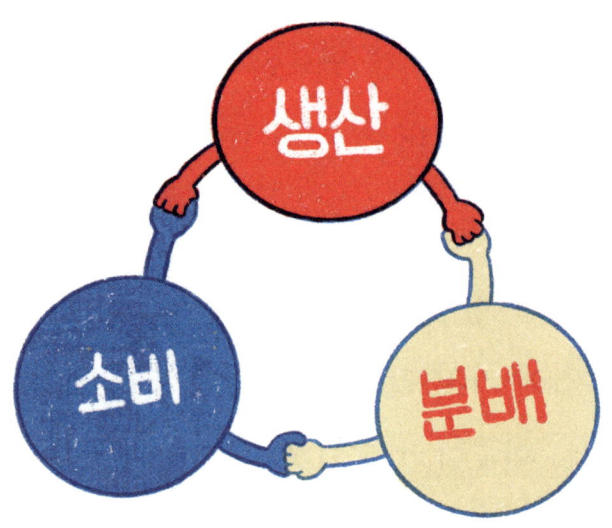

**우리가 사는 세상을 따뜻하고 행복하게 만들기 위해
꼭 잊지 말아야 할 것이 있어요!**

　우리가 살아가는 사회에서 경제 활동과 능력은 정말 중요해요. 하지만 경제적인 능력이 제일 우선되는 것은 아니에요. 사람과 사람이 만나 함께 어우러져 살아가는 데는 경제적인 가치와 능력보다 더 중요한 것이 있어요.

　바로 상대방을 존중하는 마음, 배려하는 마음, 진심을 나누는 우정, 사랑, 공정, 정의로움과 같은 가치들이에요. 올바른 인성과 가치를 품고 살아야만 우리 사회는 정말 따뜻하고 행복해질 수 있지요.

　하지만 종종 경제적인 능력이 더 우선되어 이런 가치들이 흔들리기도 해요. 부유한 집과 가난한 집은 경제적인 능력이 달라서 차별을 경험하기도 하지요. 가난하면 좋은 기회를 얻기가 어렵거나, 부자이면 경제적인 능력으로 좋은 기회를 쉽게 잡기도 해요.

이런 경제적 차별은 우리가 사는 세상을 더욱 삭막하게 만들어요. 그리고 이웃, 친구들과 진심을 나누며 사귀기 힘들게 하지요. 이제부터 사람을 대할 때 경제적인 조건으로 차별하는 것을 절대 하지 말아야 해요. 동등하고 평등하게 대하는 것을 잊지 말아요. 그래야 우리가 사는 사회도 더욱 따뜻해질 테니까요.

교과 연계

1학년 2학기 통합(가을1)	1. 내 이웃 이야기
2학년 2학기 통합(가을2)	1. 동네 한 바퀴
3학년 2학기 사회	1. 환경에 따라 다른 삶의 모습
4학년 2학기 사회	3. 사회 변화와 문화의 다양성
3학년 도덕	1. 나와 너, 우리 함께

어린이 사회생활 첫걸음 시리즈 1!

어린이 사회생활 첫걸음 첫 번째 이야기
" 남자와 여자 "

남자답게? 여자답게?
그냥 나답게 할래요!

남자와 여자의 올바른 차이를 알려 주고
서로 존중하게 돕는 생활동화

최형미, 이향 글 | 박선하 그림

학교생활과 일상생활에서 나도 모르게 하는 말과 행동,
그 속에 남자와 여자에 대한 잘못된 구분이 담겨 있어요!
"남자니까 이래야 해! 여자니까 이래야 해!"
나와 너, 우리!
다른 사람과 함께 즐겁게 생활하려면 무엇을 배워야 할까요?

이 책에서 자세히 살펴보아요!

★ 재미있는 동화로, 생활 예절을 넘어 사회 규범까지 알려 주어요!
★ 남자와 여자에 대한 올바른 젠더 의식을 배워요!
★ 처음 만나는 학교생활, 무리 속에서 멋진 '나'를 새롭게 인식하게 도와요!
★ 동화와 함께 수록된 다양한 독후 활동으로 책을 더욱 깊게 읽어요!

어린이 사회생활 첫걸음 시리즈 2!

어린이 사회생활 첫걸음 두 번째 이야기
" 개인과 단체 "

나 혼자가 편한데 왜 다 같이 해야 해?

어린이들에게 공동체와
'함께'의 힘을 일깨워 주는 생활동화

최형미, 이향 글 | 안경희 그림

공동체와 그 안의 '개인인 나'를 함께 살펴보고,
점점 커지는 사회의 단위를 배워요!

**"학급 회의는 왜 자꾸 하는 거야?
다 같이 준비하는 체육 대회는 너무 싫어!"**

학교생활에 필요한 공동체 의식, 질서와 규칙을 배워요!
다양한 단체 활동에 즐겁게 참여하는 방법을 알아보아요!

이 책에서 자세히 살펴보아요!

★ 재미있는 동화로, 개인에서 점점 커지는 사회의 단위를 배워요!
★ 학교에서 겪는 일화로 올바른 공동체 의식과 규범을 배워요!
★ 처음 만나는 학교생활, 단체와 그 속의 개인인 '나'를 인식하게 도와요!
★ 동화와 함께 수록된 다양한 독후 활동으로 책을 더욱 깊게 읽어요!

어린이 사회생활 첫걸음 시리즈 3!

어린이 사회생활 첫걸음 세 번째 이야기
"다문화"

나라는 다르지만
모두 친구가 될 수 있어!

어린이들에게 세계 시민 의식과
다문화의 힘을 일깨워 주는 생활동화

최형미, 이향 글 | 박연옥 그림

어린이 생활 속 다문화를 찾아보고,
다문화와 그 속의 '나'를 함께 살펴보아요!

"우리나라에 왔으니까! 우리 문화를 따라야 해!"
"이 문화는 더 좋고, 이 문화는 더 나빠!"

우리도 모르게 품은 다문화에 대한 편견을 깨뜨리고,
세계 시민으로 성장해 보아요!

이 책에서 자세히 살펴보아요!

★ 재미있는 동화로, 어린이 생활 속에 스며든 다문화를 살펴보아요!
★ 문화란 무엇이고, 다른 나라의 문화는 어떻게 만들어지는지 알아보아요!
★ 다문화 친구들을 존중하고 지구촌 시민으로서 세계 시민의식을 길러요!
★ 동화와 함께 수록된 다양한 독후 활동으로 책을 더욱 깊게 읽어요!